AF495347

8° L 27
52882

TITRES

ET

TRAVAUX SCIENTIFIQUES

DU

D⟨r⟩ SALAGER

Chef de clinique à la Faculté de Montpellier

G. Steinheil, Éditeur

TITRES

ET

TRAVAUX SCIENTIFIQUES

DU

Dr SALAGER

CHEF DE CLINIQUE A LA FACULTÉ DE MONTPELLIER

PARIS

G. STEINHEIL, ÉDITEUR

2, RUE CASIMIR-DELAVIGNE, 2

1907

TITRES

Aide de clinique des maladies des vieillards (Concours de 1897)

Docteur en médecine.

Licencié ès lettres-philosophie.

Chef de clinique des maladies mentales et nerveuses
(Concours de 1904).

FONCTIONS ET SUPPLÉANCES

Fonctions de médecin adjoint de l'asile des aliénés.

Chargé à trois reprises du service des *Maladies des vieillards*
(août, septembre, octobre 1899-1900-1901).

Chargé du service des *Maladies syphilitiques et cutanées*
(août, septembre, octobre 1906).

ENSEIGNEMENT

Comme aide de clinique : Présentation de malades, démonstrations pratiques. — Collaboration au laboratoire de chimie de l'Hôpital général.

Comme chef de clinique : Conférences tous les mercredis des années scolaires 1904, 1905, 1906.

Collaboration au laboratoire de *psychologie* de la clinique.

NEUROLOGIE ET PSYCHIATRIE

Sur un cas d'aphasie amnésique (en collaboration avec VIRES). — *Revue neurologique*, 15 juin 1900 : communiquée à la *Société neurologique* par M. SOUQUES.

Il s'agit dans ce travail d'un malade hémiplégique et aphasique, fils d'un père dément et frère d'une hémiplégique.

Le malade nous avait intéressé à deux points de vue :

1° Comme exemple assez remarquable d'hérédité cérébrale organique;

2° Parce que son observation était comparable à celles citées par Pitres dans ses « Leçons de 1898 » comme se rapportant à l'aphasie amnésique, spécialement à l'aphasie dysmnésique d'évocation, dont le substratum anatomique résiderait dans une oblitération partielle des voies sensorio-psychiques.

On notait chez lui les particularités suivantes au point de vue de la fonction du langage :

Capable de désigner du doigt les objets dont on prononçait le nom devant lui, notre aphasique pouvait, d'autre part, articuler d'une façon parfaite les mots qu'on le priait de répéter. Quand on l'aidait à retrouver le nom d'un objet, en lui soufflant, par exemple la première syllabe, il arrivait assez facilement à compléter l'évocation. Il reconnaissait le mot juste, pouvant le répéter au bout d'un temps très court, mais bientôt l'oubliait. Toutefois il pouvait retenir certains mots qu'on avait répétés un grand nombre de fois devant lui.

Il proférait, à l'ordinaire, des lambeaux de phrases complétés par des gestes. Mais sous l'influence d'une excitation plus vive, colère par exemple, il parlait beaucoup mieux, et les lacunes se comblaient.

Quand on évoquait devant lui un mot faisant partie d'un groupe cohérent de souvenirs associés, il devenait capable d'évoquer lui-même et de prononcer à haute voix les autres mots composant l'association. Ainsi, incapable de retrouver d'emblée le mot « quatre » quand on lui montrait les quatre doigts de la main, il pouvait retrouver le mot, si on avait soin de lui montrer tout d'abord un seul doigt en prononçant le mot « un » et d'étendre ensuite successivement les autres doigts jusqu'au quatrième. Il disait alors très bien « deux, trois, quatre ».

Ce cas paraît ne pouvoir rentrer dans aucune des catégories d'aphasie sensorielle ou motrice. Il semble bien que la mémoire d'évocation doive seule être mise en cause, l'articulation des mots et la conservation des souvenirs étant tout à fait intactes.

Amnésie rétro-antérograde générale et presque totale ; délire ; anesthésie considérable des diverses sensibilités chez une hystérique (avec DELACROIX). — Mémoire paru dans la *Revue neurologique*, 15 janvier 1906 : communiqué à la *Société de Neurologie*, par M. le professeur JOFFROY, séance du 11 janvier 1906.

Cette étude portait sur une malade, longtemps suivie dans le service de M. le professeur Mouret, et chez laquelle existait en même temps qu'une diminution profonde des diverses sensibilités, une amnésie tellement considérable, que l'on avait pensé à la simulation. Un délire, très pauvre d'ailleurs, remplaçait absolument tous les souvenirs de la vie passée de cette femme, qui n'était d'ailleurs pas une démente, au sens habituel du mot. Nous avons pu la suivre jusqu'à ces temps derniers, sans observer la moindre modification dans son état psychique.

Ce qu'il y a de plus frappant chez notre malade, c'est, d'une part, cette énorme amnésie rétrograde qui, autant qu'il semble, ne laisse rien survivre de son passé, et cette énorme amnésie antérograde qui ne laisse rien acquérir. Pour l'amnésie antérograde, notre malade est nettement comparable à cette Mme D..., dont Pierre Janet présente la si curieuse observation dans son article « Amnésie continue » (*Neuroses et idées fixes*, t. I) : même impuissance de rien retenir, sauf les faits qui se présentent continuellement, et, s'imposant, pour ainsi dire, d'une façon continue à la conscience, forcent l'entrée de la mémoire ; mêmes subterfuges (feuilles de papier, etc.) pour suppléer artificiellement les souvenirs absents. D'autre part, l'amnésie rétrograde est, croyons-nous, une des plus considérables qui aient été observées jusqu'à ce jour. Nous avons vu, en effet, que ce qui paraissait être le passé de la malade, n'est en réalité qu'un délire rétrospectif : la mémoire-habitude (langage, souvenirs usuels, etc.) a seule survécu à la mémoire-souvenir.

Nous avons noté, d'autre part, que l'amnésie et le délire se retrouvent identiques dans le sommeil provoqué.

On pourrait être tenté de ramener l'amnésie de notre malade à ces nombreuses anesthésies que nous avons étudiées et de les expliquer par là : il est certain que l'anesthésie est considérable, que la malade ne perçoit plus que des sensations faibles, diminuées, dissociées, peu nombreuses, qui ne fournissent naturellement que des images peu aptes à survivre : d'autre part, l'ensommeillement, si on peut dire, des sens explique jusqu'à un certain point que toutes les images qui se rapportent à ces sens et qui d'ordinaire sont à tout instant ravivées par eux, disparaissent ou demeurent inactives. Mais à côté de ces anesthésies, notre malade présente un trouble très net des fonctions supérieures, de sorte que l'amnésie pourrait aussi bien s'expliquer par l'affaiblissement de la synthèse mentale, comme Janet tend à l'établir dans ses derniers travaux.

Seule la restauration des divers modes de la sensibilité et de l'intelligence, si elle venait à se produire chez notre malade, pourrait nous permettre de résoudre les questions que nous avons simplement posées. Comme nous n'avons assisté jusqu'à présent à aucun processus de ce genre, nous ne pouvons nous prononcer d'une façon définitive ni sur la genèse ni sur le rapport des symptômes que nous avons étudiés. Mais l'amnésie, l'anesthésie et le délire de notre malade nous ont paru assez intéressants pour être signalés.

Recherches sur les fonctions hépatiques et rénales dans les psychoses (avec E. Cabannes).— *Archives de médecine expérimentale et d'anatomie pathologique*, septembre 1906.

Dans les recherches de cet ordre, on n'a pas toujours pris soin, comme l'indique Gilbert Ballet, de ne grouper ensemble, pour les comparer, que des cas cliniquement identiques, d'où il est résulté une généralisation un peu hâtive à tous les malades classés sous une même étiquette diagnostique, des caractères urologiques notés chez quelques-uns.

Ayant à notre disposition un service d'aliénées-femmes composé de 350 à 380 malades, nous avons procédé avec les précautions suivantes :

Nous avons choisi très minutieusement nos malades. Nous avons tout d'abord éliminé les cas à délire chronique, comme émancipés, en quelque sorte, des troubles toxiques ou auto-toxiques, et les malades porteuses de lésions organiques du système nerveux. Nous avons éliminé aussi les femmes notoirement arrêtées dans leur développement intellectuel. Il nous est resté ainsi des malades qui, plus ou moins prédisposées, sans doute, avaient mené, jusqu'à l'éclosion de leur psychose, une vie psychique à peu près normale, et qui avaient brusquement versé dans l'aliénation, en l'absence de toute lésion du système nerveux central. Chez ces malades le facteur humoral devait indiscutablement se retrouver au maximum parmi les causes génératrices des désordres mentaux. De ce groupe de malades s'excluaient encore les maniaques, à cause des difficultés matérielles que l'on éprouve à soumettre des malades trop surexcitées ou agitées, aux différentes recherches que nous avions à pratiquer. Ainsi triées, nos malades se réduisaient à neuf, atteintes à des degrés divers de tristesse, d'angoisse, d'embrouillement intellectuel, d'hallucinations, de troubles psychiques variés.

A toutes nous avons fait subir les épreuves au moyen desquelles la clinique contemporaine prétend explorer les fonctions hépatiques et rénales : épreuve de l'élimination provoquée du bleu de méthylène, de la glycosurie alimentaire, de la toxicité urinaire, dosage de l'azote sous forme d'urée, recherche de l'urobiline, etc.

Pendant toute la durée des épreuves leur régime alimentaire n'a rien présenté de particulier : la quantité d'aliments notamment a été maintenue à un taux plus que suffisant.

Pour l'étude de la toxicité urinaire, nous avons employé le procédé de Bouchard, en faisant toujours pratiquer, sous notre contrôle, l'injection au lapin par le *même opérateur*, l'infirmier major du service. Cet opérateur, en même temps, a établi la toxicité normale sur trois femmes, et entre ses mains, l'urotoxie normale s'est montrée de 86 centimètres cubes en moyenne.

Voici le résumé de nos observations, prélevé chacun sur le volumineux dossier dont chaque malade est doté dans le service de M. le professeur Mairet.

Obs. I. — Confusion mentale des plus nettes avec ses deux éléments les plus habituels et constitutifs, embrouillement intellectuel et perversions sensorielles. On n'a jamais noté ni tristesse, ni rien qui rappelle la mélancolie soit dans le délire, soit dans les actes.

Insuffisance hépatique. avec ictère, troubles digestifs ; somnolence. Syndrome de Hanot à peu près complet : hypoazoturie, glycosurie alimentaire, présence de l'urobiline et de l'indican. Mais hypotoxicité urinaire manifeste.

Elimination polycyclique du bleu.

Obs. II. — Mélange à parties égales des symptômes de la mélancolie anxieuse et de la confusion mentale hallucinatoire.

Quelques signes urinaires d'insuffisance hépatique symptomatiquement silencieuse : traces d'urobiline, glycosurie alimentaire faible, diminution du taux de l'urée. Mais hypotoxicité urinaire.

Elimination lente du bleu avec inégalités nombreuses.

Obs. III. — Tristesse active avec angoisse très vive. Embrouillement intellectuel peu marqué.

Peu ou pas de signes d'insuffisance hépatique. Hypotoxicité colossale. Elimination polycyclique du bleu.

Obs. IV. — Lypémanie anxieuse associée à un certain degré d'embrouillement intellectuel.

Peu de signes urinaires. Rapidité de l'élimination du bleu qui se montre néanmoins encore polycyclique.

Obs. V. — Lypémanie délirante ancienne.

Glycosurie alimentaire faible, urobiline, abaissement du taux de l'urée. Hypotoxicité ; élimination polycyclique du bleu.

Obs. VI. — Tableau *complet* de *la confusion* mentale avec halluci-nations. *Aucun signe d'insuffisance hépatique.* Hypotoxicité. Elimination du bleu longue et fractionnée.

Obs. VII. — Insuffisance hépatique manifeste.

Délire de rêve nettement hallucinatoire.

Elimination rapide du bleu avec intermittences. Hypotoxicité.

Obs. VIII. — Signes à peu près au complet de l'insuffisance hépa-tique.

Lypémanie délirante passée à l'état chronique.

Intermittences dans l'élimination du bleu. Hypotoxicité.

Obs. IX. — Hystérie simulant la lypémanie. Le syndrome névrosique repose sur des troubles très nets de la nutrition, notamment sur une insuffisance manifeste de la cellule hépatique.

Si nous passons en revue nos observations, nous voyons combien il est difficile de rattacher à un trouble défini de la nutrition telle ou telle psycho-névrose connue et classée.

Nous ne saurions souscrire à l'opinion de Gilbert, Lereboullet et Col-lolian, qui veulent voir dans la cholémie l'origine nécessaire du syn-drome mélancolique. Sans doute l'une de nos malades (Obs. V) présente une lypémanie délirante chronique en présence du tableau à peu près complet de l'insuffisance hépatique auquel nous devons ajouter la colo-ration ictérique des conjonctives, apparue ces jours derniers. La lypé-manie est d'ailleurs pure de tout symptôme de confusion mentale.

Mais nous voyons chez telle autre malade (Obs. 1) la tristesse faire entièrement défaut dans un cas où le foie se montre réellement le *pri-mum movens* des troubles psychiques. Nous inclinerions plutôt, si nous avions à indiquer un rapport entre le symptôme mental et le trouble nutritif, à rattacher l'insuffisance hépatique à la confusion mentale, comme d'ailleurs l'ont fait la plupart des auteurs, Klippel, Charrin, Lévi, etc. En effet, dans aucun de nos cas *purement* lypémaniaque, à l'exception d'un seul, nous n'avons relevé les signes caractéristiques d'une altération fonctionnelle du foie. Et dans le seul cas où il nous ait été permis de relever cette altération, il importe de noter qu'il s'agissait d'une lypémanie ancienne : que nous ne pourrions affirmer qu'en un moment quelconque de l'évolution de la maladie il n'y ait pas eu de signes de confusion mentale ; et qu'enfin les troubles de la fonction hépatique peuvent être secondaires à cause de l'ancienneté même de la maladie.

Enfin, tout signe d'altération hépatique a manqué, même dans un cas purement et nettement confusionnel (Obs. VI).

Assez intéressants nous paraissent aussi les résultats fournis par l'étude de la toxicité urinaire.

Chez toutes nos malades, lypémaniaques ou confuses, la toxicité s'est trouvée abaissée, ce qui paraît en contradiction avec les résultats constants des divers auteurs, Ballet, Roubinowich, etc., et, dans ce laboratoire même, Mairet et Bosc. Mais il convient d'indiquer que la plupart de nos malades présentaient de l'inquiétude et que le taux de leurs urines excède généralement la normale. D'où il nous a paru qu'il fallait se garder de généraliser un stigmate urinaire à l'ensemble d'une maladie mentale et qu'il importait surtout d'en rechercher la signification dans l'analyse des symptômes composant cette maladie.

Enfin, l'élimination provoquée du bleu de méthylène s'est montrée longue souvent, courte parfois, polycyclique toujours. Il nous semble excessif d'admettre que toutes nos malades soient des rénales vraies. Chez aucune d'entre elles on ne trouve d'albumine : aucune ne nous a présenté d'accidents pouvant rappeler l'urémie dans ses formes les plus atténuées. Il semble bien qu'il faille, en pareil cas, penser à l'élimination prérénale, circulatoire ou tissulaire, étudiée par Feuillée et Castaigne.

Quoi qu'il en soit de son interprétation, ce signe de l'élimination intermittente du bleu s'est montré constant et mérite d'être retenu.

En résumé, ayant appliqué, sans aucune idée préconçue, à quelques malades scrupuleusement choisies, les procédés modernes d'exploration de la cellule hépatique et des fonctions rénales, nous arrivons aux conclusions suivantes.

1° On ne peut indiquer, à l'heure actuelle, aucune altération fonctionnelle constante dans la lypémanie et la confusion mentale ;

2° Le foie paraît débile dans beaucoup de cas, surtout quand il s'agit d'un syndrome confusionnel. Mais la confusion mentale, peut évoluer avec un foie normal. Néanmoins, les signes d'une insuffisance hépatique doivent être recherchés, pour servir, si besoin est, à l'institution d'une thérapeutique rationnelle ;

3° Les fonctions d'élimination sont perverties, sans qu'on puisse d'une façon certaine, incriminer l'état de la cellule rénale.

Syphilis et confusion mentale (Sous presse, pour paraître dans l' « *Encéphale* », janvier-février 1907).

Ce mémoire est fondé sur un très grand nombre d'observations et sur l'étude d'un nombre encore bien plus considérable de dossiers de malades soignés dans une période de plus de vingt années à l'asile des aliénés de Montpellier.

Nous nous sommes posé la question des rapports de la syphilis avec la forme confusionnelle de l'aliénation mentale.

Il était intéressant, au point de vue de la question si controversée de la folie syphilitique, de savoir si, en l'absence de tout autre facteur étiologique la confusion mentale pouvait s'observer au cours de cette infection.

Sa forme confusionnelle, en effet, avec ou sans hallucinations, est de toutes les formes d'aliénation mentale, celle qui exige le minimum de prédisposition héréditaire, et, par conséquent la plus directement et la plus exclusivement en rapport avec sa cause provocatrice immédiate.

Nous avons donc scrupuleusement compulsé de nombreux dossiers, plusieurs milliers, mais nous n'avons retenu que les cas de syphilis absolument avérée, ce qui a réduit à moins de cent le nombre des malades sur lesquels, en fin de compte, a porté notre statistique.

Sur ce nombre, exclusion faite des alcooliques, et des délirants chroniques, il nous est resté des malades présentant ou ayant présenté des troubles confusionnels avec perversions sensorielles, mais chez tous ou ou presque tous, ces accidents ont été, à brève échéance, suivis de manifestations nettement rattachables à une lésion organique du système nerveux central.

Si donc, au début de la syphilis cérébrale, l'analyse minutieuse du syndrome mental permet de reconnaître assez souvent des signes d'embrouillement intellectuel plutôt que de démence véritable ; si très souvent aussi on note des perversions sensorielles multiples et si l'ensemble de ces manifestations peut autoriser le diagnostic de confusion mentale, cette confusion mentale est à peu près toujours symptomatique d'une maladie organique du cerveau, et ne saurait évoluer comme la confusion mentale primitive.

Il nous semble donc, avec Joffroy, avec Magnan, avec Mairet, que la conception trop simpliste de l'aliénation mentale syphilitique doit être rejetée, au nom de la clinique. On peut voir des syphilitiques faire des accès de manie, de mélancolie, réaliser un délire systématisé ; mais dans tous ces cas il ne s'agit, à peu près, entre la syphilis et l'aliénation que de rapports de voisinage. L'étude des observations de confusion mentale nous le démontre une fois de plus,

La seule forme d'aliénation que la syphilis ait nettement engendré jusqu'ici est la démence paralytique ; mais, dans tous les cas elle a besoin pour atteindre les fonctions psychiques d'un intermédiaire de lésions faciles à mettre en évidence.

Sur un cas de myoclonie de la région sus-hyoïdienne consécutive à une angine (pour paraître dans la *Revue neurologique*).

Il s'agit de secousses de toute la région sus-hyoïdienne, survenant par accès.

La première manifestation eut lieu après guérison d'une angine. Les accès s'accompagnaient de sensation de gêne au fond de la gorge. La déglutition les faisait cesser.

Guérison obtenue par badigeonnages cocaïnés du pharynx. Les accès qui se montraient plusieurs fois par jour, ont graduellement et complètement disparu depuis six mois.

PATHOLOGIE GÉNÉRALE ET PHILOSOPHIE MÉDICALE

L'antagonisme morbide (Thèse).

Cette étudè montre la complexité de la notion d'antagonisme en pathologie, et la nécessité de démembrer ces termes un peu trop compréhensifs, sans toutefois renoncer aux vérités cliniques qu'ils expriment.

Par l'évolution de ce terme à travers l'histoire de la médecine jusqu'à la période tout à fait contemporaine, et par les interprétations qu'en ont donné les différents auteurs, nous avons été amené à distinguer : un antagonisme étiologique, un antagonisme pathogénique, un antagonisme symptomatique, un antagonisme de lésions, un antagonisme de terrains, tous antagonismes d'importance fort inégale à l'heure actuelle.

Nous avons surtout insisté, sur la question, reprise depuis, et toujours d'actualité, en raison de son grand intérêt clinique, des rapports de la tuberculose avec l'arthritisme, et apporté VII observations de longue durée :

Obs. I. — Arthritisme chez les ascendants paternels : tuberculeuse chez les ascendants maternels ; rhumatisme articulaire aigu ; tuberculose pulmonaire guérie.

Obs. II. — Tuberculose chez les ascendants maternels ; rhumatisme chez les ascendants paternels ; tuberculose stationnaire ; emphysème généralisé.

Obs. III. — Antécédents héréditaires inconnus ; tuberculose pulmonaire et arthritisme ; trève dans l'évolution des lésions.

Obs. IV. — Antécédents héréditaires arthritiques et tuberculeux ; tuberculose pulmonaire à évolution lente et à temps d'arrêt.

Obs. V. — Arthritisme ; tuberculose pulmonaire ; arrêt complet des lésions.

Obs. VI. — Alcoolisme et arthritisme personnels ; arrêts dans l'évolution tuberculeuse : mort par congestion pulmonaire : autopsie montrant des lésions cicatrisées.

Obs. VII. — Arthritisme paternel : tuberculose collatérale ; tuberculose et mal de Pott ; guérison des lésions osseuses ; arrêt des lésions pulmonaires.

Suit l'examen des deux théories mises en avant pour l'explication de ces faits.

A) La théorie anatomique, qui fait jouer un rôle exclusif aux lésions locales, notamment à l'emphysème, à la sclérose, à l'œdème pulmonaire, dans l'arrêt des lésions tuberculeuses ;

B) La théorie humorale, qui recherche la cause de l'antagonisme uniquement dans les modifications chimiques des humeurs, dans les différences de composition des divers milieux organiques.

Cette notion de l'antagonisme entre la tuberculose et l'arthritisme a depuis la date de notre thèse passablement perdu de son crédit. On a démontré que pas mal de manifestations réputées arthritiques, étaient monnaie de tuberculose et précédaient ou accompagnaient la phtisie pulmonaire : tel le rhumatisme tuberculeux de Poncet. Il n'en reste pas moins vrai que l'arthritisme avec ses congestions, avec la tendance à réaliser des lésions de sclérose et d'emphysème, imprime un cachet particulier à l'évolution de la tuberculose, et que son action se montre, dans bien des cas, atténuative et retardante. Nous ne saurions oublier l'observation d'un tuberculeux avec emphysème, que nous avons vu mourir à l'hôpital général de Montpellier, à l'âge de 85 ans et qui depuis sa 50ᵉ année était un tuberculeux avéré.

Vers la fin de la première moitié du xixᵉ siècle, surtout pendant deux ou trois ans, de 1842 à 1845, la question de l'antagonisme morbide fut absolument à l'ordre du jour. La question fut soulevée à propos de faits cliniques d'ordre particulier, des faits d'antagonisme plus ou moins constatés entre les fièvres palustres d'une part et la fièvre typhoïde et la tuberculose pulmonaire d'autre part. Nous avons groupé dans un chapitre les principaux faits d'antagonisme morbide qui ont été relatés ou discutés par les cliniciens.

C'est Boudin qui fut l'initiateur du mouvement qui se produisit alors. C'est lui qui fut le champion le plus convaincu et le plus ardent de l'idée d'antagonisme entre l'impaludisme et la fièvre typhoïde. Il entraîna à sa suite des hommes éminents ; et il eut aussi d'illustres adversaires.

Parmi les auteurs qui ont été amenés à s'occuper de l'antagonisme morbide par l'étude d'une question particulière de pathologie, prennent place également à côté de ceux qui ont écrit sur l'immunité phtisique et sur la marche ralentie de la tuberculose, tous ceux qui ont attaché leur nom à l'étude de l'influence de la vaccine sur la variole, des fièvres éruptives les unes sur les autres, des épidémies sur les maladies habituelles, ceux qui ont soutenu des faits d'antagonisme plus contestables, tels que l'antagonisme de l'état puerpéral et de la fièvre typhoïde (Chomel), du cancer et de la tuberculose (Rokitansky), du scorbut et du typhus (Boudin), de l'impaludisme et de la variole (Calvert), de la variole et de la peste, de la phtisie et des fièvres éruptives (Barthès), de la chlorose et de la phtisie (Trousseau, Pidoux), de la syphilis et du choléra (Espagne) ; prennent place enfin les bactériologistes modernes qui ont étudié *in vitro* et au moyen d'inoculations les antagonismes microbiens.

La question de l'antagonisme morbide n'est d'ailleurs pas neuve. Elle correspond à tout un ordre d'idées aussi anciennes que la médecine elle-même.

Notre travail signale pour mémoire l'antagonisme *étiologique* de Boudin, de Fuster, l'antagonisme *symptomatique* de Mouneret, les *métastases* que certains ont retenus comme des faits d'antagonisme, enfin les travaux plus récents relatifs aux faits d'antagonisme microbien : observations de Pasteur, Koch, Garré, Emmerich, Waston-Cheyne, Pawlowsky, Pavane, Zagari, Fehleisen, Kitasato et Grüber, Dahle, Frendenreich, et surtout les expériences de Charrin et Guignard sur le bacille pyocyomique et la bactéridie charbonneuse, *les essais de bactériothérapie* de Bouchard, Cantani, Woodheat et Cartwight Wood, les travaux de Buchner, Roger, Blagovestchensky, de Metschnikoff, de MM. Roux et Martin.

Nous nous sommes efforcé, dans tout le cours de cette thèse, de mettre en lumière le rôle prépondérant de l'organisme dans tous ces faits réputés d'antagonisme morbide et microbien.

Le médecin aliéniste et philosophe Fr. Lélut.
(Mémoire pour la licence philosophique).

La psychologie, la sociologie, l'histoire, dans leurs nouvelles méthodes d'études, tendent à confondre étroitement l'éducation littéraire et l'éducation scientifique. L'abîme est comblé qui divisait les travailleurs en deux catégories irréductibles, au grand détriment du progrès. Si tous les temps ont connu des hommes *universels*, aux tendances multiples, il appartenait à la période tout à fait contemporaine de voir fusionner ces tendances sur des points d'étude précis, d'utiliser sur un terrain commun les efforts combinés d'artisans diversement doués ou instruits dans des voies différentes.

Lélut fut un des précurseurs de la psychologie contemporaine.

L'utilité de la psychologie individuelle dans l'étude de l'histoire, il l'a magistralement mise en lumière : « La psychologie de ces hommes éminents, lorsque les matériaux nécessaires pour la tracer n'auront pas été détruits par le temps, donnera souvent, à elle seule, le secret des pensées de leur siècle, comme, à son tour, elle pourra être complétée et éclairée par ces dernières ». Il n'a pas voulu s'en tenir au précepte et il a donné les deux modèles que l'on sait ; son travail « tout élucidateur » il l'a accompli, grâce aux ressources que lui fournissaient des « études auxquelles la philosophie, la psychologie et l'histoire ordinaires n'étaient pas habituées à se livrer » ; il a su dire toute la vérité, sans un instant se départir de la pudeur que réclamaient et le nom des deux grands hommes qu'il étudiait, et l'honneur de la philosophie, et le respect de l'opinion des siècles ; persuadé que les conséquences de son œuvre ne sauraient être mauvaises, « parce que jamais la vérité n'a ce caractère, quelque hautement, quelque manifestée qu'elle puisse être ».

Pour s'orienter à travers la complexité des phénomènes qu'il étudie, le psychologue, comme le médecin, doit recourir avant tout à l'observation clinique et à l'observation individuelle généralisée aux sujets sains. Certes, pas plus que la médecine, la psychologie n'a garde de négliger les ressources du laboratoire ; c'est avec grande faveur, et non sans un certain engouement, qu'elle s'ouvre aux sciences exactes, et cet empressement rend compte du besoin qu'elle éprouvait de réagir contre les excès de l'*à priorisme* ancien. Mais la psycho-physique n'a encore atteint que les manifestations psychiques les plus simples et les plus inférieures, et nous ne pouvons encore, dans l'étude des fonctions élevées de l'intelligence, qu'aborder les faits dans leur complexité naturelle, au moyen de l'observation minutieuse *in vivo* des cas particuliers, et par le rapprochement entre eux des résultats de nos observations diverses. A cette méthode, il appartient de nous mettre en garde, et contre les divagations parfois séduisantes d'une philosophie sans fondements, et contre des conclusions trop hâtives sur les données du laboratoire.

L'œuvre de Lélut, dans ses résultats remarquables et dans ses défectuosités même, nous est un grand exemple et un précieux enseignement. Elle nous montre qu'à la seule lumière de la clinique un esprit philosophique a pu devancer les conclusions les plus modernes de la psychologie, dans un temps où les études de cet ordre étaient peu en honneur et où, par conséquent, il devait ne rien attendre que de sa propre initiative.

TABLE DES MATIÈRES

Imp. J. Thevenot, Saint-Dizier (Haute-Marne).

9 782019 930103